EXAMEN ANALITIQUE

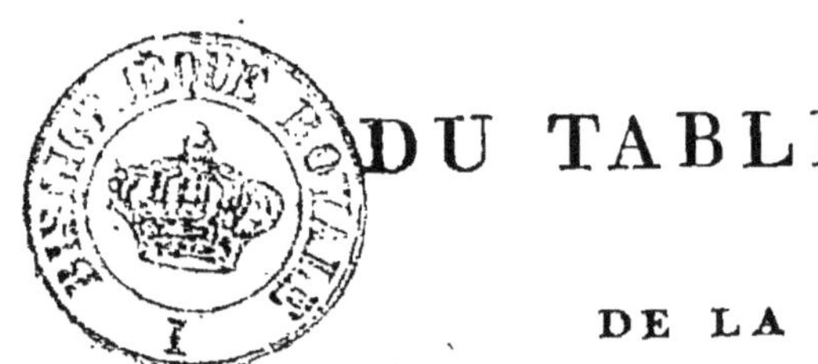

DU TABLEAU

DE LA

TRANSFIGURATION

DE RAPHAËL.

DE L'IMPRIMERIE DE L.-É. HERHAN.

EXAMEN ANALITIQUE
DU TABLEAU
DE LA
TRANSFIGURATION
DE RAPHAËL,

TRADUIT DE L'ESPAGNOL DE M. BENITO PARDO DI FIGUEROA,

PAR S. C. CROZE-MAGNAN,

Auteur de la partie descriptive et littéraire du MUSÉE FRANÇAIS, *publié par MM. Robillard-Peronville et Laurent.*

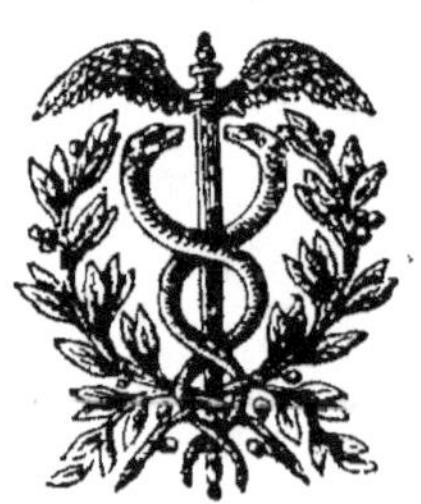

PARIS,

Chez DEBRAY, Libraire, rue S. Honoré, barrière des Sergents.

AN XIII. = 1805.

EXAMEN ANALITIQUE DU TABLEAU DE LA TRANSFIGURATION.

SECTION PREMIÈRE.

Description et composition de ce tableau.

Jésus-Christ, au milieu des torrents d'une lumière céleste, les bras ouverts, les yeux affectueusement élevés vers le ciel, vêtu d'une robe majestueuse et d'une blancheur éblouissante, se manifeste extatiquement suspendu en l'air, accompagné d'Élie et de Moïse qui le contemplent avec enchantement, remplis de vénération autant que d'allégresse. Les trois Apôtres qui l'avaient suivi jusque sur le sommet de la montagne se prosternent contre terre. Surpris et étonnés, ils dénotent par leurs attitudes distinctes qu'ils ne peuvent soutenir l'impression de la lumière divine qui les environne.

Cette scène sublime exalte tellement l'imagination du spectateur, qu'écartant toute idée matérielle et terrestre, il se croit transporté, s'il est permis de le dire, dans l'heureux séjour de la gloire et de la paix. Tout en effet paraît surhumain dans cette partie supérieure du tableau. Il y règne par-tout un ton aérien, ou, pour mieux dire, immatériel, qui charme à la fois et qui ravit. Les perfections sont visibles et perceptibles à tout le monde, et pourtant l'artifice qui les a produites est une espèce de mystère caché pour quelques artistes et pour la plus grande partie des amateurs. Sans concevoir l'idée ambitieuse d'expliquer complètement ce mystère, nous allons exposer notre opinion, ne fût-ce que pour engager les autres à produire des observations plus solides.

Ce qui fixe notre admiration dans cette partie, est l'inimitable expression et l'attitude extatique de la figure de Jésus-Christ. Elle paraît en effet suspendue dans cet espace aérien avec tant de justesse et de vérité, que l'imagination la plus difficile et la plus exaltée est pleinement satisfaite et ne saurait désirer une illusion ou une apparence plus complète. Quel poëte, quel peintre a pu se flatter jusqu'à ce jour de remplir les vues de la fiction d'une manière aussi satisfaisante, quand il s'agit d'un objet purement idéal ? Il nous paraît que l'effet extraordinaire de cette figure émane particulièrement de la disposition de son vêtement qui, par le dessin et le clair-obscur, est de la beauté la plus idéale et la plus sublime.

Tout autre peintre aurait imaginé de faire des draperies sveltes, très légères, et propres à répandre de la variété dans les fluctuations visibles, croyant ajouter de la vivacité dans l'expression de cette suspension en l'air. Mais notre Apelle moderne était trop sublime pour suivre une route si battue; il connut qu'une pareille composition de draperies ne produirait qu'un effet vulgaire, une certaine altération et discordance dans la figure principale. Il sentit enfin que ce mouvement ou ce désordre était absolument opposé à ce calme immense, à cette infinie majesté, inséparables, dans notre idée, de la toute-puissance divine. A cet effet, il couvrit le corps, non seulement d'une tunique adhérente, mais il y ajouta un manteau qui, s'appliquant aux membres depuis la ceinture jusqu'en bas, s'ondoie un peu dans la partie supérieure, et flotte dans son extrémité qui se dégage d'une épaule. En examinant attentivement cette distribution, on verra que le génie philosophique de Raphaël se figura tous les effets que doit causer la résistance de l'air atmosphérique sur la draperie d'un corps qui s'élève perpendiculairement de la surface de la terre; et notre grand peintre mit ensuite tout son art à choisir une disposition et une telle forme de vêtement, que leur combinaison mutuelle, calculée avec la suspension en l'air, produisit naturellement dans toute la figure le plus haut degré de beauté, de sublime et de majesté dont elle était susceptible.

Pour prouver que nos observations sur la pensée de Raphaël, et dont nous allons achever le développement, ne sont pas illusoires, on doit remarquer, 1.° que si le vêtement de la figure principale se voyait flotter dans la partie inférieure du corps, il perdrait une partie de son agrément et de son élégance, et il affaiblirait l'idée d'illusion que produit nécessairement sa suspension; 2.° Que les robes des deux prophètes sont disposées de manière qu'elles ne flottent que de la ceinture en bas, d'où il résulte une ascension moins facile, une suspension moins parfaite que celle que nous admirons dans la figure de Jésus-Christ. Cette différence ne saurait échapper aux yeux des spectateurs les moins intelligents; elle est une des principales beautés de cette partie du tableau.

Que d'observations utiles se présentent à quiconque examine avec attention ce groupe sublime! L'ascension, ou l'élévation de Jésus au moment de sa transfiguration, ne devait pas être représentée comme un vol, ni comme un mouvement effectué par le secours d'une force étrangère. Raphaël seul pouvait exprimer une suspension extatique, surnaturelle, émanée de la puissance suprême et de la volonté du Sauveur même qui se transfigure ainsi. Pour réaliser cette expression, poussée au dernier degré que puissent atteindre les efforts de l'art, il déploya les ailes de son génie; et s'élançant pour ainsi dire de la sphère matérielle, il trouva dans son imagination poétique les traits de l'image d'un homme-dieu. Il s'appliqua à exprimer en lui la plus grande beauté de l'âge viril animé et exalté par l'impression d'une essence divine. Le vêtement plus blanc que la neige, plein de transparence et de fluide aérien; l'attitude extatique des bras et de la tête; l'expression de douceur et de piété qui brille éminemment dans sa divine physionomie; un clair-obscur d'un artifice admirable; le contraste enfin de tant de perfections avec les formes sévères et les figures vénérables des deux prophètes, avec les attitudes d'humilité et de crainte des trois apôtres; tels sont les moyens dont se servit Raphaël pour rehausser l'effet de sa figure principale, en répandant sur elle un ton céleste qui étonne et charme les spectateurs.

Malgré son grand talent, Le Poussin n'a guère réussi dans la composition de la figure du Sauveur, dans son excellent tableau de saint François Xavier. Il a fait flotter plus largement la draperie qui couvre le corps, qu'il a laissé nu en grande partie; il en résulte une expression commune, dénuée de cette beauté sublime qui devrait caractériser notre Seigneur, puisqu'il est évident qu'il est trop bien suspendu, et qu'il paraît comme cloué dans l'enceinte de l'atmosphère. Mais continuons notre description.

Détournons la vue du sommet de la montagne, et portons-la sur sa pente, ou sur la partie inférieure du tableau. Quel contraste dans les scènes! en haut, les joies inexplicables d'une manifestation de gloire, et l'image de la félicité céleste; en bas, les misères de l'humanité souffrante, les angoisses de la douleur et le lamentable spectacle de l'insuffisance de nos forces pour résister aux attaques de l'ennemi commun. Un jeune homme de sept à neuf ans, possédé de l'esprit malin, et dans la crise d'une furieuse convulsion, se présente entouré de ses parents aux neuf apôtres, qui espèrent que, du sommet du mont où s'opèrent de si grands prodiges, le Rédempteur voudra bien le favoriser d'un regard. En vain implore-t-on le secours des apôtres pour délivrer le malheureux de ses cruels tourments. Privés de la présence, des conseils et du pouvoir de leur divin maître, ils témoignent et reconnaissent que leurs propres forces ne peuvent opérer un si grand miracle.

Le génie de Raphaël, aussi sublime que fécond, a su donner des mouvements et des expressions différentes aux quinze figures principales placées dans cette partie inférieure du tableau : quatre autres, éloignées, et dont on n'aperçoit que les têtes, expriment en outre des affections très déterminées.

Sur la ligne de terre, une très belle femme, qui est vraisemblablement la sœur aînée du misérable énergumène, agenouillée et le dos tourné du côté du spectateur, déclare l'état déplorable de son frère à l'apôtre placé en face, et qui suspend la lecture d'un livre, dans laquelle il paraissait absorbé, pour manifester tout à coup sa surprise ; une jeune fille, qu'on suppose la sœur cadette, pénétrée de douleur et d'affliction, parle avec l'apôtre le plus voisin, et trois autres, autour d'elle, l'écoutent avec des sentiments très distincts. Dans le plus jeune on remarque une forte expression d'admiration et de pitié; le feu de ses yeux et le jeu de sa physionomie laissent voir son impatience de ne pouvoir donner le soulagement qu'on lui demande. Le plus âgé, dans une attitude tranquille, manifestant néanmoins sur son visage l'expression de la pitié la plus tendre et la plus réfléchie, reconnaît avec douleur et résignation qu'il n'a pas la faculté de guérir l'infortuné jeune homme. Celui des deux autres apôtres que l'on voit par derrière écoute le récit des circonstances du malheur qui consterne tout le monde. Quelle habileté ! quelle philosophie dans le dessin des physionomies, sur lesquelles on distingue les premiers effets de l'épouvante, de la compassion, et même de la curiosité !

Un vieillard, qui certainement est le père du possédé, implore aussi le secours et la médiation des apôtres, en s'adressant particulièrement à celui qui est debout et vêtu d'un manteau rouge. L'apôtre, avec le regard de la résolution, mais plein de confiance dans la puissance divine, élève la main gauche, et indiquant le haut de la montagne, lui *infuse* la plus douce espérance de voir les tourments de son fils dissipés par la descente sur la terre de son divin maître. Il fallait sans doute un génie aussi extraordinaire que celui de Raphaël pour que, au milieu de tant de personnes affectées de sentiments aussi vifs et aussi énergiques, on pût distinguer la douleur de ce vieillard : en effet, jamais le pinceau d'un homme n'a exprimé avec autant de force et d'efficacité l'affliction, la tendresse paternelle, et toute l'énergie et la soumission de la prière ou de l'instance.

Des trois derniers apôtres placés à la gauche du tableau, il en est un assis, qui, signalant le sommet de la montagne, confère avec les deux autres sur la difficulté d'apporter secours à cette famille consternée pendant l'absence du Sauveur.

Passons au groupe du possédé. — Un paysan le tient ferme par derrière et par dessous les bras. A sa physionomie altérée, à ses lèvres entr'ouvertes, à l'inflexion de son corps, on reconnaît l'effort qu'il est obligé de faire pour le contraindre et le soutenir. Il n'y a pas de doute que ses sourcils arqués, son front ridé, ses yeux grandis par l'épouvante et fixés avec anxiété sur les apôtres, ne montrent évidemment que, plein de terreur, il cherche en eux le secours nécessaire pour fortifier sa confiance et tempérer son effroi : et que dirons-nous de l'expression de l'énergumène? Assailli de la convulsion la plus violente, dévoré de tourments indicibles, il s'agite avec fureur, il pousse des cris frénétiques, il tourne les yeux d'une manière épouvantable, il se débat en désespéré pour se jeter contre terre. Les chairs sont jaunâtres et sèches; l'altération des membres est si naturellement rendue, que les os paraissent vouloir se déboîter. Le travail des muscles est exprimé avec la plus grande justesse et sans exagération : Raphaël était incapable de supposer dans les muscles de la première jeunesse le ressort, l'épaisseur et la dureté qu'ils acquièrent dans l'état viril. Il a prononcé fortement sur le cou, les muscles mastoïdes et les veines jugulaires, parceque ces parties paraissent facilement enflées, même dans l'âge le plus tendre.

Mengs a critiqué la sécheresse du coloris de cette figure, il a même conjecturé qu'elle avait été peinte par Jules Romain. Vasari assure que Raphaël peignit tout le tableau de sa propre main, sans en rien confier au pinceau de ses élèves, ainsi qu'il avait fait dans plusieurs ouvrages antérieurs. Ce témoignage serait de la plus grande force, comme provenant d'un écrivain artiste et contemporain, si nous ne rencontrions ailleurs tant de preuves du peu d'exactitude et de ponctualité dans le rapport qu'il donne quelquefois des faits et des circonstances. Nous ajouterons qu'on ne peut nier qu'à la mort de Raphaël il restait plusieurs parties du tableau de la Transfiguration qui n'avaient pas reçu les dernières touches; nous avouerons plutôt, et sans difficulté, que la figure de l'énergumène offre un coloris d'un ton triste, sciemment sec, et d'autant plus *apre*, qu'il contraste avec le ton doux et harmonieux qui domine dans tout le reste du tableau : c'est donc ainsi que le pinceau devait nous représenter l'image d'un malheureux habituellement tourmenté par l'esprit malin. Que devait-il résulter de pareilles crises, si fréquemment répétées, si ce n'est un bouleversement absolu dans les formes du corps et dans la couleur des chairs? Raphaël fit cette réflexion qui lui servit à mieux exprimer un si grand désordre de la nature dans le corps du possédé, par le moyen d'une convulsion générale et d'un coloris extraordinaire.

Le triomphe de l'art est d'être parvenu à faire

en sorte que la figure, qui ne devait à l'aspect inspirer que l'horreur, soit précisément celle qui cause le plus de commisération. C'est donc en cela que notre grand peintre a donné une nouvelle preuve de son heureux génie et de sa profonde connaissance des affections humaines. Il a placé l'infortuné jeune homme au milieu de sa famille désolée : d'un côté, sa sœur aînée, belle et intéressante personne, implore le secours de tous les assistants, et indique de ses deux mains la souffrance du malheureux; de l'autre, la cadette, avec un visage triste et souffrant, n'attache pas moins par sa douleur que par sa jeunesse et sa beauté; le père enfin, par une expression inconcevable d'angoisse et de sensibilité paternelle, fait naître la pitié dans les cœurs les plus endurcis. Tous ces objets de douleur affectent le spectateur, et lui inspirent une douce compassion, affaiblissent par son moyen l'idée de l'horreur que causerait individuellement la situation de l'énergumène. C'est ce qui fait qu'on fixe ensuite la vue sur lui, non seulement sans répugnance, mais encore avec attendrissement et commisération.

Il n'est pas d'impression plus répugnante et plus odieuse que celle de l'horreur; elle ne peut être que momentanée par les efforts que nous faisons pour nous en délivrer, non seulement quand nous sommes témoins d'une action ou d'une scène horrible, mais encore quand nous y pensons, et que nous l'entendons raconter. La commisération au contraire, la pitié, la tristesse, sont des affections naturelles du cœur de l'homme. Les tendres sentiments, avec toutes les illusions de l'imagination, se complaisent pour ainsi dire avec ces affections, les font servir de douce nourriture à la sensibilité, et les larmes que nous répandons dans un tel état d'affliction ont plus de délices que d'amertume. On peut déduire de ces principes moraux, confirmés par l'expérience, que, dans les arts d'imitation, il est indispensable de tempérer les objets de terreur par des circonstances et des accessoires propres à inspirer d'autres affections pathétiques et analogues au cœur humain. C'est ainsi que le pratiquèrent les célèbres artistes de l'antiquité, et c'est ce que l'on observe dans le Laocoon et dans la famille de Niobé. Sans ces contrastes, le spectateur, abandonné aux rudes et douloureuses sensations de l'horreur, s'éloigne à l'instant du spectacle qui les a produites, et condamne sa propre curiosité. Daniel de Volterre a observé admirablement ce principe de contraste dans son excellent tableau de la descente de croix, par le moyen des affections véhémentes de tristesse qu'il a données à la Vierge et aux femmes qui l'entourent et qui la secourent dans sa détresse ; et si l'abattement de la mère de Dieu n'était point porté au point de blesser un peu la décence, toute la composition serait d'une perfection rare. Rubens s'est écarté de cet illustre modèle dans son tableau sur le même sujet, et, par cette raison, il a manqué le vrai moyen d'arrêter et de captiver l'attention du spectateur, puisqu'il est évident qu'il a affaibli les sentiments de pitié et d'attendrissement, par le peu de force donnée à l'expression de douleur de la Vierge et des personnes qui l'accompagnent, et qu'il a poussé à l'extrême l'impression d'horreur que cause le corps de Jésus-Christ, épouvantablement défiguré, et dont le sang ruisselle de toutes les parties.

On dit qu'Euphranor, célèbre peintre grec, trouva dans trois vers très connus d'Homère (1)

---

(1) On raconte la même chose du célèbre sculpteur Phidias. Les vers d'Homère se trouvent dans le premier livre de l'Iliade.

Virgile, désespérant sans doute de pouvoir traduire dans toute sa force l'harmonie et la majesté de cette l'idée d'une digne image de Jupiter, qu'il avait inutilement cherchée dans son imagination et dans la nature. Raphaël a pris dans le texte sublime et simple de l'Évangile les caractères principaux sur lesquels il devait combiner la représentation du Sauveur transfiguré.

« Son visage parut resplendissant comme le « soleil et ses vêtements devinrent blancs comme « la neige. Moïse et Élie apparurent parlant « avec notre Seigneur. Et voilà qu'une nuée « brillante de lumière vint les cacher, et de « cette nuée sortit une voix qui disait : celui-ci « est mon fils chéri, dans lequel je me suis « complu ; écoutez-le lui-même : et les disciples « entendant cette voix se prosternèrent la face « contre terre, et furent saisis de crainte. »

Telles sont les circonstances auxquelles se

---

description, s'est contenté d'en exprimer l'idée principale :

Annuit et totum nutu tremefecit olympum.

Cesarotti n'a pas été malheureux dans la traduction de ce sublime passage.

Ei disse
E gia dechina maestosamente
L'imperiose ciglia ; alto squanarsi,
Le stillanti d'ambrosia auguste chiome,
Sulla testa imortal : senti l'olympo,
Il cenno omnipossente, e traballò.

conforma Raphaël pour transmettre à la postérité la représentation de la sublime scène de la Transfiguration, qui est le sujet, ou pour mieux dire, l'action principale de ce tableau : ce qui est représenté dans la partie inférieure est accessoire et purement épisodique, suivant les principes de la poésie pittoresque et les lois de la plus rigoureuse vraisemblance dramatique. Il ne sera pas superflu de justifier cette assertion qui paraîtra peut-être étrange et peu réfléchie.

L'art de la peinture a, par ses propres ressources, la faculté, 1.° de représenter les parties distinctes de l'espace jusqu'au point de l'apparence de la plus grande étendue perceptible à la vue de l'homme; 2.° de représenter dans une portion quelconque de l'espace autant d'objets que cette portion peut en offrir dans la nature : cependant le temps que dure cette représentation est indivisible et le moindre possible, c'est-à-dire, un moment, un instant.

En se conformant à ces principes incontestables, on peut dire que la peinture représente, dans une certaine portion de l'espace, une action principale par le moyen de divers objets ou corps coexistants dans le même instant précis.

De plus, une action en peinture se représente

et se déploie dans un espace déterminé, au lieu que dans la poésie, elle se décrit et se manifeste par la succession du temps; et comme celle-ci admet les épisodes, on peut également les employer dans la peinture, quoique sous des règles distinctes et sous un aspect différent. Il est de plus évident que ces épisodes ne peuvent pas, comme dans un poëme, précéder l'action principale, ni servir à la préparer, parcequ'ils doivent coexister avec elle; mais ils servent à l'éclaircir, au moyen de certaines analogies, et à la porter au plus haut point, à force de contrastes convenables.

Pour qu'un épisode en peinture soit réputé légitime, il est indispensable qu'il soit coexistant avec l'action principale et dans le même instant précis; qu'il ait une connexion immédiate avec elle; qu'il lui soit subordonné par la hiérarchie inférieure des personnages et du sujet; qu'il offre enfin des oppositions propres à augmenter, autant que possible, l'impression excitée par l'action principale. Tous ces caractères se trouvent réunis dans l'épisode de l'énergumène.

1.° Il est coexistant dans le même moment avec l'action principale. Il conste en effet, par l'Évangile de saint Marc, que Jésus-Christ, étant descendu de la montagne où il s'était transfiguré, fut abordé par un homme qui, se prosternant à ses pieds, lui dit : « Seigneur, ayez « pitié de mon fils, qui est possédé et qui « souffre beaucoup, car il tombe fréquemment « dans le feu ou dans l'eau. Je l'ai présenté à « vos disciples, mais ils n'ont pu le guérir. » Raphaël a choisi cette dernière circonstance pour sujet de son épisode, et il est clair qu'étant advenue pendant l'absence du Sauveur, ainsi que l'exprime le texte sacré, sans fixer le temps précis, on peut vraisemblablement supposer, comme l'a fait Raphaël, que la présentation de l'énergumène aux apôtres s'effectua dans le même moment que le Seigneur se transfigurait au sommet de la montagne.

2.° Il a un rapport immédiat avec l'action principale. Au moyen de cet épisode, on donne raison de la station et de l'occupation des neuf apôtres durant l'absence de leur divin maître. Le chagrin et la peine qu'éprouve l'observateur, en considérant que les cruels tourments de l'énergumène n'ont point de remède, se trouvent alors modérés par l'espérance de voir le Sauveur, qui dans ce moment manifeste et déploie toute son essence divine par une merveilleuse transfiguration, user de son pouvoir immense pour guérir un infortuné malade, et consoler sa famille consternée. Tel est le rapport secret qui se trouve entre l'incident épisodique et l'évènement de la transfiguration; relation sublime et heureusement imaginée, en ce qu'elle pénètre dans le cœur de tout homme sensible qui considère cet admirable tableau.

3.° L'infériorité relative des personnages et du sujet de cet épisode, dans ce tableau, est trop évidente pour que nous nous arrêtions à la particulariser.

4.° Raphaël, enfin, s'est surpassé en rehaussant l'action principale par son opposition avec l'accessoire. Si, dans celui-ci, l'humanité s'offre dans son plus grand abaissement et sa profonde misère, elle s'élève dans l'autre jusqu'à se transfigurer avec la divinité. En bas, tous les tourments de la douleur, toutes les inquiétudes de l'affliction; en haut, l'immense et pure paix de la gloire céleste. D'un côté, le spectacle de l'impuissance des neuf disciples pour guérir un possédé; de l'autre, la manifestation du pouvoir sublime de leur maître. Ainsi l'action principale, loin d'être affaiblie, se trouve rehaussée par le moyen de cet épisode.

Si ce que nous venons d'exposer est exact et fondé, comme nous avons lieu de le croire, il nous sera également permis de nous étonner du peu de réflexion et de la légèreté avec laquelle quelques écrivains modernes, en examinant l'épisode de l'énergumène, ont accusé Raphaël de n'avoir pas observé l'unité d'action ; et ce qu'il y a de plus singulier, c'est qu'en critiquant précisément ce qu'il y a de régulier et qui mérite des éloges, ils n'ont pas relevé le seul défaut de la composition poétique de ce tableau. Ce défaut est d'y avoir introduit forcément et sans opportunité les deux protomartyrs placés derrière un arbre sur le sommet de la montagne, et représentés adorant le Sauveur. Cette tache dans un ouvrage si vaste, et qui consiste en deux figures très petites, éloignées et mises dans un coin du tableau, est légère sans doute et ne nuit en rien à l'effet général. D'un autre côté, ces figures sont si belles et si précieuses, soit par le mérite pittoresque et la vivacité de l'expression, soit par la grace du coloris et la perfection du clair-obscur, qu'on peut soupçonner Raphaël d'avoir voulu montrer par-là le triomphe de son pinceau, en séduisant l'observateur au point de lui faire oublier l'irrégularité de cette partie de la composition. On peut appliquer à cette faute de Raphaël la judicieuse observation d'Aristote sur l'Odyssée.

« Il est évident, dit ce législateur de l'art « poétique, que les évènements invraisem- « blables rassemblés dans la narration de « l'Odyssée seraient intolérables s'ils étaient « racontés par un poëte médiocre; mais Ho- « mère leur donne un attrait invincible par la « perfection des beautés dont il a su les em- « bellir. »

SECTION II.

Du Dessin.

Le dessin de Raphaël dans le tableau de la Transfiguration est d'une perfection si rare que l'on peut dire qu'il s'est surpassé lui-même dans cette partie, où il fut toujours supérieur dès qu'il eut connu ses propres forces et qu'il eut abandonné la manière du Pérugin. Exalté sans doute par la sublimité même du sujet, agité de cet enthousiasme qui est le propre des grands génies, il sut imprimer aux traits immortels de sa conception tant de grandeur, de mouvement et de beauté, qu'on peut lui appliquer avec raison ce que Callistrate disait en contemplant l'excellence d'une statue de Scopas.... « Les orateurs

« et les poëtes ne sont pas les seuls qui donnent « une nouvelle vie à leur art, quand un génie « surnaturel anime leur langage ; les mains des « artistes, entraînées aussi pàr les plus célestes « impulsions, produisent, au moyen d'une cer-« taine fureur, ou par l'enthousiasme, des « ouvrages étonnants, et qui paraissent inspirés « par la divinité. »

En effet, qui n'admirera la beauté et l'harmonie de tant de contours différents ; la pureté et l'élégance avec lesquelles ils coulent en marquant les formes avec cette vérité qui n'appartient qu'à la nature ; la douce ondulation avec laquelle s'équilibrent gracieusement les parties concaves et les convexes ; l'ame enfin et le mouvement qui brillent à un si haut point dans le dessin de ce tableau !

La manière de dessiner de Raphaël paraît absolument originale, et ne se ressent en rien de ce genre d'imitation littérale, ou copie de l'antique, que l'on aperçoit si aisément dans les ouvrages des autres maîtres célèbres. Il admira, sans doute, et il étudia les modèles grecs et romains ; mais il les imita sans les copier, en adaptant leurs beautés au grand modèle de la nature. Il résulta, de cette combinaison perfectionnée avec les idées d'un génie créateur, ce système de dessin qui embellit tout par sa pureté, son élégance et son harmonie.

Le célèbre Mengs penche à croire que Raphaël n'étudia pas profondément l'antique; que, par cette raison, à peine connut-il la beauté idéale des formes, et qu'en examinant la beauté et la correction de son dessin, on le trouve inférieur aux grands modèles de l'antiquité. Il estime aussi que cet artiste ne fut supérieur que dans les figures de vieillards ou d'hommes de moyen âge, mais qu'il n'eut pas le même mérite dans les figures d'enfants. Il décide finalement que toutes ses têtes de vierge nous plaisent plus par leur expression que par leur beauté; que presque toutes font une espèce de grimace pour sourire; ce qui lui paraît opposé à la vraie beauté.

Quiconque lira sans prévention les Œuvres de Mengs reconnaîtra facilement que cet illustre professeur, avec un esprit métaphysique et porté aux recherches abstraites, embrassa certaines opinions systématiques, et sacrifia souvent à ces idées exclusives la prudence dans les jugements et l'impartialité dans plusieurs décisions importantes.

D'où peut donc provenir ce charme général que produit le dessin de Raphaël et l'admiration qu'il excite, en cette partie, à tous les professeurs depuis trois siècles? c'est sans doute de son excellence et de sa supériorité. Ce grand artiste prit des anciens la symétrie ou la connaissance des meilleures proportions, l'élégance des formes, les principes généraux de la disposition et des plis des draperies; mais il saisit l'ame, le mouvement, et, pour ainsi dire, la vie de son dessin dans la nature même. Elle seule peut gratifier de ces précieuses lumières celui qui l'observe très attentivement, et qui est doué d'une imagination vaste et féconde, d'un cœur sensible et d'un goût exquis et délicat. Raphaël réunissait heureusement toutes ces qualités; et combinant les principes de l'art, qu'il trouva dans les modèles grecs et romains, avec l'examen continuel et profond des objets animés, et avec les idées que lui suggérait son brillant génie, il parvint à se créer un dessin élégant, harmonieux, excessivement correct et surtout plein de vie. Aucun autre maître n'a pu parvenir à posséder tous ces caractères réunis au même degré que le peintre d'Urbin, et c'est justement pour cela qu'il nous paraît supérieur à tous. Michel-Ange fut savant dans l'ostéologie et la science des muscles; mais il était inférieur dans la manière de traiter les chairs, et il ne rendit jamais la beauté des formes. Le Corrège mit beaucoup de graces et de hardiesse dans son dessin; mais il manque parfois de pureté, et il n'est pas toujours élégant. Le Titien fut plus inégal. Dans certaines occasions, il s'est élevé à la plus haute perfection du dessin (comme dans l'admirable tableau de Saint Pierre, martyr); mais, pour l'ordinaire, il n'est pas parfaitement correct, quoiqu'il donne une grande vie à ses contours. Le Dominiquin, dans son bon temps, approcha de Raphaël pour la correction et l'élégance de son dessin ; mais il abusa de la ligne convexe, et ses femmes ont rarement de belles formes.

Le Poussin, dont le nom seul est un éloge dans les annales de l'art, a donné à son dessin la plus grande pureté, et a admirablement imité le caractère de l'art chez les anciens ; mais on ne peut nier que cela même ne lui ait laissé un peu de froideur en certaines occasions, et dans d'autres un peu de sécheresse. Mengs lui-même, à qui l'on ne peut refuser la gloire d'avoir été de notre temps le restaurateur du bon goût de l'art, antérieurement corrompu et gâté par l'ignorance des peintres maniérés ou de pure pratique; Mengs lui-même, disons-nous, avec un excellent style dans les proportions, une grande beauté dans les formes, une profonde connaissance de l'antique, manque, dans son dessin, de ce précieux ton de mouvement et de vie, que la nature donne seulement à ses plus dignes et intimes confidents. De là vient cet air de faiblesse et de froideur qu'on remarque dans les tableaux de ce célèbre professeur ; défaut réel, mais presque éclipsé par les grandes qualités qui honorent son illustre pinceau.

Mengs n'a pu voir en original les deux superbes tableaux que Raphaël fit pour François I.er, et qui existent en France depuis cette époque ; savoir le Saint Michel et la Sainte Famille ; ils sont entièrement de la main, et de la dernière et la plus sublime manière de l'auteur, puisqu'il peignit le premier trois ans, et le second deux ans, avant sa mort. On peut donc les regarder comme étant du même temps que la Transfiguration ; et certainement ils ne lui sont pas inférieurs en perfection et en sublimité. Mengs aurait-il nié la beauté idéale reconnue et admirée dans la figure de saint Michel ? Et comment est-il possible qu'il n'ait pas trouvé la même beauté portée au plus haut degré dans la figure du Sauveur de la Transfiguration ? Qui pourra, sans encourir note d'ignorance et de stupidité, dire que ce précieux et admirable indice de sourire, qui ajoute tant à la prodigieuse expression mixte de la tête de la Vierge, est une tache qui préjudicie à sa beauté? S'il était possible que, par une maladresse de l'art, on fît disparaître cette nuance de sourire, on affaiblirait indubitablement la beauté actuelle de cette tête admirable ; son expression morale perdrait un de ses éléments les plus essentiels, qui est le signe de la complaisance maternelle; et la gloire posthume de Raphaël ne pourrait pas être rehaussée par un des traits les plus ingénieux et les plus sublimes de son dessin. Cet indice d'un sourire doux, et pour ainsi dire secret, est le même qu'on regardait en Grèce comme une perfection dans la Sosandre de Calamis, le même qu'on admire aussi dans la Leucotoé tenant le jeune Bacchus dans ses bras, statue du style le plus noble et le plus pur, et dont la beauté, loin d'en être affaiblie, est relevée par cette expression de sourire.

Nous répèterons cependant que Raphaël devait cette manière sublime de dessiner à l'étude de l'antique, heureusement combinée avec les inspirations d'un génie extraordinaire et les profondes observations sur les objets de la nature. Sans sortir du Musée Napoléon, nous pouvons prendre une idée exacte de sa façon de composer, en comparant le visage de la Vierge, dans le tableau de la Sainte Famille, avec l'étude et le dessin qu'il fit de la même figure d'après un modèle naturel qui, suivant l'opinion générale, était une femme dont il était éperdument amoureux. C'est ainsi qu'Apelle choisit Phryné pour modèle de sa fameuse Vénus Anadyomène. Quoi qu'il en soit, dans ce précieux dessin fait à la sanguine, et désigné, dans la salle des dessins du Musée, sous le n.° 233, on voit une femme représentée dans la même attitude que la Vierge du tableau; et les contours de l'enfant qu'elle va prendre dans ses bras sont marqués vaguement et de première intention, seulement pour mieux déterminer la posture relative de la figure principale. Cette figure a la robe retroussée et ramassée jusqu'en haut, de sorte qu'elle montre à nu les jambes et une partie des cuisses. La manche gauche, également repliée, découvre le bras nu presque jusqu'à l'aisselle. Telle était l'excellente méthode de Raphaël pour ajuster ensuite ses draperies sur le nu avec plus de justesse et de vérité. Les formes de cette femme sont jolies, ses proportions agréables, quoiqu'un peu courtes, et la tête est belle, suivant l'ordre commun de la nature dans les pays méridionaux : sa bouche sourit avec grace; mais cette expression est purement naturelle, c'est-à-dire plus agréable que majestueuse. Raphaël, après avoir rendu toute l'ame et la vie que lui offraient les traits de l'objet vivant, et qu'il aimait, s'appliqua à corriger cette première esquisse par des touches qui devaient rehausser la beauté et ennoblir l'expression relativement au personnage sublime qu'il avait à représenter : voici les changements que l'on remarque en comparant le tableau avec le dessin dont il s'agit. Il perfectionna le cou, en lui donnant de plus belles proportions; il altéra l'ovale du visage, en ondulant quelques parties trop droites dans son contour; il donna au menton et à la bouche cette forme charmante et virginale que l'on admire tant, et qui est dans le style de la Vénus de Médicis; il corrigea le creux et le contour des yeux, en donnant plus de grandiose à ces parties, comme on l'observe dans les Niobé; il espaça et débarrassa davantage le front; il conforma la naissance du nez suivant les règles du goût antique; il rendit enfin plus sveltes les formes outrées du corps, à l'effet de les réduire à la plus belle et à la plus élégante symétrie. Mais, où brille singulièrement le dessin idéal de Raphaël, c'est dans l'art ingénieux avec lequel il changea le mouvement de la bouche, selon que le lui offrait son modèle animé. Ce sourire naturel était le seul aimable et gracieux. Raphaël y ajouta l'empreinte de la noblesse, de la majesté, de la simplicité et de l'innocence virginale. Tous ces caractères réunis composent une expression si prodigieuse, qu'aucune copie ni gravure n'a pu parvenir à la rendre avec succès.

Raphaël, naturellement porté à tout ce qui est grand et majestueux, ne pouvait posséder exclusivement le genre gracieux : il le modifie toujours avec ces deux caractères sublimes, qui, plus relatifs à son génie, sont aussi les plus dominants dans ses ouvrages. C'est pourquoi l'on ne trouve pas dans ses enfants, quoique beaux, ces formes et ces expressions gracieusement enfantines que le Titien a si heureusement saisies. Il paraît que son pinceau dédaignait de montrer toute sa vigueur, quand les objets animés qu'il imitait ne laissaient apercevoir aucune affection morale ; ce qui est remarquable, par la sublimité avec laquelle il a peint l'Enfant Jésus dans le tableau de la Sainte Famille. Il est d'une grande beauté ; il a beaucoup d'élégance et assez de graces ; mais on voit dominer sur le tout une expression prodigieuse de majesté et de grandeur qui décèle, s'il est permis de le dire, le caractère de l'essence divine. Le Corrège, dans son tableau de la Vierge à l'écuelle, a représenté l'Enfant Jésus matériellement joli et gracieux; mais rien de plus; Raphaël nous a offert l'image d'un enfant Dieu.

Le lecteur excusera cette digression en faveur de l'objet important qui l'a occasionnée. Il n'était pas possible de combattre l'opinion d'un homme aussi célèbre que Mengs, sans entrer dans une explication particulière qui justifiât nos observations.

Revenons au tableau de la Transfiguration.

L'art d'arranger et de plier les diverses draperies des figures est une des parties les plus importantes et les plus difficiles du dessin; et certainement on est forcé de convenir qu'en ce point la palme est due à Raphaël. Personne ne les a dessinées avec autant d'élégance, de grandeur et de vérité. Ses observations profondes, et son étude continuelle des statues et des bas-reliefs antiques contribuèrent essentiellement à fixer son goût et à perfectionner ses idées; aussi est-il le seul qui soit parvenu à acquérir une si grande supériorité dans le dessin des draperies, en s'y distinguant par une certaine grace et cette élégance qu'on ne saurait rencontrer que dans les modèles antiques.

Ce grand artiste suivit toujours l'excellent principe de dessiner d'abord le nu, pour le revêtir ensuite de draperies avec plus d'élégance et de vérité; aussi l'expression de ses vêtements est si extraordinaire, qu'elle laisse entrevoir l'action, ou le repos des muscles, la plus légère inflexion de quelque membre ou partie du corps, et jusqu'à la transition ou passage d'un mouvement à un autre. Tout le tableau de la Transfiguration présente des modèles admirables de ces beautés capitales. Arrêtons-nous, par exemple, à cette femme agenouillée, vue de dos, et placée sur la ligne de terre; toute la disposition de son vêtement indique, non seulement le trouble de son ame et l'agitation de son cœur, mais encore la précipitation avec laquelle elle est venue implorer le secours du Sauveur. La tunique dérangée, et tombée du côté gauche, de manière à montrer à nu une grande partie de l'épaule et des deux bras; la ceinture pendante et presque dénouée; le manteau de travers, sans dessein, et comme accidentellement reporté sur le côté droit : tels sont les caractères qui nous peignent l'expression la plus juste du désordre et de l'abandon qui naissent de la grande douleur ou d'une peine cruelle. Au milieu de la composition d'un vêtement aussi dérangé, on voit percer la noblesse, la grace et l'élégance. Avec quelle convenance, quelle douceur, quel charme ne suit-on pas, sous la draperie, les formes agréables du nu de cette belle femme, sans offenser la décence et blesser l'honnêteté de la composition ! Chaque figure, à l'examen, offrira par elle-même une pareille vérité d'expression dans la disposition et les plis de ses draperies respectives. Au commencement de cette description, nous avons développé nos idées sur l'habillement du Sauveur ; il est d'une invention admirable, et au-dessus de tout éloge.

Raphaël combine toujours avec grand art les robes flottantes ou assujetties par une ceinture, de façon qu'elles indiquent les membres ou les parties du corps qui donnent du mouvement ou de l'expression ; il observe dans les plis des contrastes et de la variété ; il les dessine larges et grandioses dans les parties les plus saillantes, et dans les enfoncées ou obscures ; il en augmente le nombre et les rend plus petits et plus variés ; il évite soigneusement le parallélisme, et par-là il donne toujours aux plis une obliquité relative. Enfin, quand une draperie couvre en partie quelque principal membre des figures les plus apparentes, il a soin qu'elle croise dans une direction oblique, comme on peut le voir au manteau qui cache la jambe du vieux apôtre placé sur le premier plan, et à la tunique tombée de l'épaule de la femme agenouillée.

Presque toutes ses règles peuvent se remarquer dans les meilleures statues et bas-reliefs de l'antiquité. C'est à l'étude de ces modèles si respectables que Raphaël doit en grande partie la perfection qu'il parvint à acquérir dans la manière de dessiner et de disposer les plis des différentes draperies de ses figures.

SECTION III.

De l'Expression.

PERSONNE n'a, jusqu'à présent, égalé Raphaël dans la force, la convenance et la vérité avec lesquelles il a manifesté les affections de l'ame, par le moyen des expressions distinctes de la physionomie, et par les attitudes et les mouvements des figures. Dans cette partie, la plus sublime du dessin et la plus essentielle de l'art de la peinture, il brille sans rivaux, et il est en même temps le plus parfait modèle qu'on puisse offrir à l'imitation de ceux qui désirent faire de grands progrès dans cet art.

L'expression de Raphaël est profondément morale, non seulement par la sublime représentation de tous les caractères extérieurs qui manifestent les affections de l'ame, mais encore par la convenance et le charme par lequel il imprime à chaque figure le degré ou la nuance de la passion qui lui appartient; il l'exalte dans les unes, il la modère dans les autres, sans aucune charge ni affectation que l'on remarque si souvent dans les maîtres de peu de génie, qui font des caricatures quand ils veulent rendre des passions véhémentes, et qui deviennent triviaux et comiques quand ils croient donner de la noblesse et de la dignité.

Le défaut de ne savoir pas modérer ni régler les affections est très commun, même parmi les professeurs de réputation. Nous pouvons dire avec Longin, quand il examine ce défaut relativement à l'éloquence, « qu'il consiste à in-
« troduire des affections inutiles ou déplacées
« où il n'en faudrait pas, et à les pousser à l'ex-
« trême quand on devrait les tempérer. Il
« paraît, continue ce grand critique, que quel-
« ques uns, comme s'ils étaient ivres, se laissent
« emporter à des passions qui ne conviennent

« point à leur sujet, mais qui leur sont propres, « ou qu'ils ont apportées de l'école. » Longin, s'en rapportant à Théodore, nomme cette inconvenance de passion *Parenthiose*, et certainement elle peut exprimer aussi avec beaucoup de justesse le style fanatique et exagéré de quelques professeurs en peinture.

Pour nous former une idée de la science avec laquelle Raphaël modulait les diverses nuances d'une même expression, prenons pour exemple la terreur que devait naturellement causer l'apparition imprévue d'un énergumène dans l'acte de la plus violente convulsion, et remarquons comment elle se modifie dans les différents personnages de la partie inférieure du tableau de la Transfiguration. Cette affection s'aperçoit à peine dans le père et les sœurs du possédé, moins par la considération qu'ils sont déjà accoutumés à ce misérable spectacle, que parceque la douleur paternelle et la pitié des sœurs prévalent vigoureusement et absorbent ou suffoquent toute autre altération morale. Dans les apôtres, cette expression de terreur est tempérée par la confiance en la divine puissance, et par la force que leur inspire le sublime caractère de disciples de Jésus-Christ; aussi dégénère-t-elle dans une espèce de vive surprise, accompagnée sans doute de la pitié et du regret de ne pouvoir soulager les tourments du malheureux jeune homme. Cette même expression mixte se modifie pourtant entre les apôtres, les éléments qui la composent se renforçant ou s'affaiblissant selon les âges et les caractères respectifs; de sorte que les marques de la surprise et de la pitié sont plus fortes dans les jeunes, chez lesquels on aperçoit celle de la curiosité; tandis que dans les vieillards ces dernières disparaissent, et les premières se manifestent avec moins de vehémence, quoique la commisération soit plus tendre et plus profonde: enfin la terreur est plus fortement prononcée dans le paysan qui tient l'énergumène, et rien ne l'empêche d'être extrême, si ce n'est la confiance qu'inspire à cet homme la présence des apôtres.

En analysant ainsi les expressions des tableaux de Raphaël, on admirera la sagacité philosophique avec laquelle il a su les combiner et les modifier pour produire le plus grand effet moral relativement à l'objet qu'il se proposait.

Parmi les principes qu'observa ce grand maître, le plus efficace, à notre avis, est l'usage fréquent qu'il fit des expressions mixtes, c'est-à-dire de celles qui indiquent diverses affections ou qualités morales dans le même temps ; rien, en effet, n'est plus conforme à la nature du cœur humain, et rien par conséquent n'est plus propre à donner une certaine vérité morale aux images de la peinture.

Nous pouvons considérer dans l'homme son caractère moral habituel, et les altérations ou les troubles de l'ame, c'est-à-dire les passions, ce que nous appelons expression, en peinture, doit embrasser en général la représentation de ces deux situations morales.

Le caractère habituel se compose d'un certain nombre de qualités ou affections morales plus ou moins sublimes, honnêtes ou nuisibles, selon l'activité et l'énergie de l'ame, selon les idées ou les habitudes contractées dès l'enfance, ou finalement, selon toute autre cause impulsive, quelle qu'elle soit. Il s'ensuit que l'expression caractéristique de chaque figure doit être précisément plus ou moins mixte pour qu'elle possède la vérité morale.

Si la figure du Sauveur transfiguré nous paraît si admirable, nous devons l'attribuer principalement à sa prodigieuse expression mixte, dans laquelle Raphaël, par le moyen des traits du visage, de la disposition des draperies et de l'attitude du corps, a su allier et combiner les caractères de majesté, de toute-puissance, de piété sans bornes, et de la plus profonde résignation aux décrets du père éternel. S'il manquait quelques uns de ces éléments ou empreintes, l'expression générale serait moins parfaite, et elle resterait froide et insignifiante, si l'on n'en discernait qu'une partie. La Vierge du tableau de la Sainte Famille, du même auteur, est sans doute supérieure à chacune de celles que Le Corrège a mise dans ses deux célèbres tableaux du Saint Jérôme et de l'Écuelle, par la seule raison que l'expression est moins mixte, c'est-à-dire qu'elle réunit un moindre nombre de ces caractères que nous regardons propres à la mère de Dieu. Effectivement, dans les Vierges du Corrège, on voit quelquefois dominer avec excès l'expression gracieuse, accompagnée seulement de l'innocence et de la pudeur virginale. Raphaël, après avoir exprimé dans ses Vierges ces trois caractères, y en ajouta d'autres très précieux, et qui furent cachés pour Le Corrège; tels sont la plus sublime décence, une certaine majesté surhumaine, et un air de respect intime envers son fils, inspiré par la connaissance qu'elle avait de sa divinité. Il n'aurait pu mêler d'une manière sensible autant d'expressions, s'il en avait prononcé particulièrement quelqu'une avec une vigueur et une efficacité capable d'éclipser les autres ; mais elles sont toutes distinctes et brillantes, et leur réunion constitue une expression mixte dans son plus haut degré de perfection. Le Corrège s'en tint à la grace, parce-qu'elle était le propre de son génie ; mais en même temps qu'il la renforçât, il affaiblit ou il omit d'autres caractères casuellement plus essentiels, et il en résulta une expression générale qui ne correspond nullement à l'excellence de l'objet représenté.

La nature offre quelquefois dans quelques individus certaines expressions si mixtes, qu'elles ne peuvent jamais être bien retracées, même par les artistes les plus habiles. C'est ce qui explique la facilité avec laquelle des peintres médiocres font quelquefois des portraits très ressemblants, tandis qu'il leur est très difficile, ou même impossible de réussir dans d'autres. Il est clair que dans les premiers l'expression est simple et très déterminée en un seul caractère, et que dans les seconds elle est plus compliquée ou composée d'un plus grand nombre d'éléments. Plutarque dit, en parlant de Démétrius Poliocerte : « Le caractère de sa physionomie était si admirable que la beauté semblait sortir de son visage, ce qui fait que nul peintre, ciseleur ou statuaire n'a pu parvenir à faire son portrait. En effet, non seulement il réunissait dans sa figure la grace et la gravité, la beauté et une teinte de férocité qui intimidait, mais il joignait à la vigueur de la jeunesse un certain air d'audace, une expression inimitable d'héroïsme, et toute la majesté d'un roi.» Tant il est vrai que la nature, toujours féconde et variée, peut elle seule combiner des expressions merveilleuses que l'imagination la plus exaltée ne saurait produire.

Si l'usage des expressions mixtes est si nécessaire dans le caractère des figures, la manifestation des passions ou des agitations de l'ame ne l'est pas moins. En effet, le caractère fondamental est permanent et inhérent à l'homme ; la passion est accidentelle et passagère ; rarement, ou jamais, celle-ci ne pourra être prononcée d'une manière absolue et avec indépendance. Les traits du caractère primitif doivent toujours se distinguer au milieu des passions les plus violentes, tempérées ou modifiées par des empreintes variées. Un peintre, par exemple, commettrait la plus grande méprise, si, croyant représenter Achille insultant et menaçant Agamemnon devant l'assemblée des Grecs, il lui donnait l'expression absolue d'une colère aveugle ou exaltée au plus haut degré. Il ne pourrait justifier cette erreur par l'autorité d'Homère, qui suppose certainement Achille dans cette situation extrême, quand il lui fait prononcer ces paroles injurieuses adressées à Agamemnon :

Ivrogne, qui as
Les yeux insolents comme un chien
Et le cœur lâche comme un cerf.

Le poëte a pu porter à l'extrême cette passion sans risquer de dégrader son héros, parceque, dans le cours du poëme, il indique et manifeste ses vertus héroïques, ses passions sublimes, et qu'il complète de cette manière le digne portrait d'Achille dans l'imagination du lecteur. Mais la peinture, qui ne peut disposer que d'un instant, doit en profiter avec le plus grand soin pour caractériser les personnes et les actions de la manière la plus claire et la plus convenable. Par la même raison, dans le cas supposé, il serait nécessaire de modifier l'expression de la colère d'Achille par une certaine dignité ferme et majestueuse, qui dénotât son héroïsme et sa divine origine; autrement le spectateur croirait voir la fureur d'un homme du peuple, et non l'indignation du fils de Thétis et du vainqueur d'Hector.

Cette combinaison d'affections sert aussi à tempérer parfois certaines expressions extrêmes ou absolues qui, provenant de passions très violentes ou de causes extraordinaires, produiraient une sensation désagréable sur les spectateurs, soit par son peu de décence, soit par son aspect horrible ou ridicule. Si l'expression du Laocoon était absolue, et manifestait seulement les horribles tourments d'un vieillard luttant en vain contre les monstrueux reptiles qui, entortillés autour de son corps, lui font des morsures cruelles et portent dans ses veines un poison mortel, il est clair qu'une pareille expression serait horrible, intolérable, et répugnerait à l'homme le moins sensible. Les trois célèbres statuaires grecs ont heureusement évité ce défaut, en modifiant l'expression de la douleur physique par celles d'un courage héroïque et de la tendresse paternelle. Ils formèrent de ces trois éléments cette sublime expression mixte qui cause notre admiration et notre enchantement dans l'insigne statue dont il est ici question (1).

---

(1) Il nous semble que cette théorie des expressions mixtes n'a pas encore été bien connue jusqu'à présent, ni offerte sous le point de vue que nous la présentons.

Raphaël égala sans doute en expression ces trois autres célèbres modèles de l'antiquité, et l'on peut dire de lui, eu égard aux modernes, ce que Pline disait de Timante (1) : « Il est le « seul artiste qui ait travaillé ses œuvres avec « l'intelligence plutôt qu'avec la main, et quoi- « qu'on reconnaisse l'excellence de son pin- « ceau, l'on admire encore plus la grandeur de « son génie. » On est forcé d'avouer qu'il a eu bien peu d'imitateurs dans la sublimité des expressions ; et, en général, on peut assurer que dans cette partie nous sommes restés bien au-dessous des artistes anciens.

Le principe auquel nous la rapportons est la nature du cœur humain, principe fixe, sensible, connu de tous et confirmé par l'expérience journalière. C'est par elle qu'on peut facilement expliquer toutes les règles et les préceptes qui ont trait à la convenance et à la vérité des expressions de l'art.

(1) *Atque in unius hujus operibus intelligitur, plus semper quàm pingitur, et cum ars summa sit, ingenium tamen ultra artem est.* (Plin. lib. 35, cap. 9.)

SECTION IV.

Du Clair-obscur.

On sait que le clair-obscur, en peinture, est la représentation des effets que produit la distribution de la lumière dans l'espace et les objets que renferme un tableau. Pour fixer les idées et éviter la confusion, nous appellerons clair-obscur particulier celui qui résulte de l'incidence de la lumière sur chaque objet, et clair-obscur général le systême de la distribution et combinaison des lumières et des ombres qui doivent s'adapter à un tableau pour produire le plus grand effet, soit relativement à l'imitation des plus beaux accidents de la nature, soit à la vérité du relief ou de la concavité des objets, soit à la distinction et à la clarté des groupes, à l'harmonie optique la plus propre à plaire à la vue par des intervalles de repos et d'action, soit enfin à la perspective aérienne, c'est-à-dire à la juste illusion des diverses distances où sont représentés les objets du tableau.

Le clair-obscur particulier de Raphaël est ordinairement vigoureux et capable de produire beaucoup d'effet. Ce caractère est transcendant dans le tableau de la Transfiguration; cependant, dans les chairs et les draperies, la dégradation des tons, depuis les plus clairs jusqu'aux plus obscurs, paraît trop rapide, non par défaut de teintes intermédiaires, mais parceque les extrémités, c'est-à-dire le plus grand clair et le plus grand sombre sont fortement prononcés. Le temps qui a affaibli les demi-teintes du relief et renforcé les dernières ombres, a contribué sans doute à exagérer leur contraste avec les clairs; mais on doit principalement attribuer cet effet au noir de fumée ou d'imprimerie que Raphaël a employé dans ce tableau, pour les ombres, soit par essai ou par fantaisie, comme dit Vasari, soit qu'il n'ait pas réellement prévu que cette espèce de noir se renforcerait dans les extrémités avec le temps, et tacherait les dernières teintes adjacentes.

La répartition générale de la lumière, ou le clair-obscur général de ce tableau, est une des choses les plus belles et les plus harmonieuses que nous offre la peinture moderne. Pour combiner l'effet optique des divers groupes et des différents espaces, Raphaël employa trois grandes lumières distinctes. Dans la partie supérieure où Jésus-Christ se transfigure, la lumière est non seulement claire, mais encore extraordinaire et d'une immense splendeur ; la même lumière, affaiblie par la réflexion sur la crête de la montagne, et par sa réfraction dans les nuages, qui éclaire la pente ombrée d'où se détachent les apôtres et la famille du possédé ; néanmoins ce même espace inférieur reçoit directement la lumière atmosphérique par une percée qui indique le sentier qui conduit à un site si retiré. C'est par-là qu'on découvre, dans un agréable lointain, un pays terminé par une montagne, au sommet de laquelle l'on aperçoit une double habitation. La rougeur des nuages vers l'horizon annonce que le soleil est très bas.

Le clair-obscur, combiné par une distribution si ingénieuse de la lumière, est d'un effet surprenant et enchanteur ; la masse générale présente une admirable opposition, qui n'est ni invraisemblable ni forcée, comme dans beaucoup de peintures modernes ; elle est, au contraire, naturelle, juste et analogue aux circonstances locales. En effet, si le clair-obscur de la partie supérieure offre tant de perfections, c'est par la raison seule qu'il contraste merveilleusement avec la sévérité et la force du système de lumière et d'ombre qui règnent dans la partie inférieure du tableau : ainsi cette opposition, loin d'être fantastique, paraît ingénieusement combinée, et même résulte naturellement des accidents et des évènements qui sont représentés. La présence momentanée du Sauveur transfiguré doit répandre des rayons d'une lumière immense et pure sur les groupes supérieurs, au lieu que, dans les inférieurs, la nature de la lumière locale, et même le caractère sombre de l'action accidentelle exigent nécessairement un clair-obscur vigoureux et sévère.

Si l'effet général est si saillant, celui des groupes particuliers ne l'est pas moins; la clarté, les gradations, les reliefs qu'ils présentent font l'admiration des moindres connaisseurs, et l'agréable harmonie des lumières et des ombres repose tranquillement la vue du spectateur.

La dégradation et l'emploi des tons dans les divers plans de ce tableau annoncent la finesse et l'intelligence de l'artiste, et complètent l'illusion de la perspective aérienne (1). Dans les

---

(1) L'illusion, ou la représentation de l'apparence des distances dans un tableau, dépend de la perspective linéaire et de l'aérienne. Il est clair, en supposant la lumière constante, qu'à mesure que nous nous éloignons d'un objet, ses dimensions, sa couleur locale, et

objets, ou les figures les plus proches, Raphaël fit usage de l'azur, de l'orangé, du carmin, et

son clair-obscur, paraissent s'altérer : la première altération est sujette aux règles géométriques de la perspective linéaire, la seconde, ou celle de la couleur, dépend de l'air intermédiaire, selon qu'il est plus ou moins trouble. Enfin celle du clair-obscur est proportionnée à la diminution de la lumière, c'est-à-dire en raison inverse du carré des distances.

Il s'ensuit qu'en supposant un cadre pour une peinture, divisé, par exemple, en six plans, distants entre eux d'un pied, et que le spectateur se place à cette même distance; si la lumière est constante et uniforme, que le clair-obscur du premier plan soit représenté par I, celui du second sera une quatrième partie moins vigoureuse que celui du premier; celui du troisième, un neuvième; celui du quatrième, un seizième; et enfin le sixième sera trente-six fois plus faible que celui du premier plan, ce qui fait qu'à une grande distance, le clair-obscur est presque imperceptible. On déduit aussi de cette théorie, qu'entre deux plans immédiats, la plus grande différence du clair-obscur sera du premier au second, que cette différence sera moindre entre le second et le troisième, et ainsi de suite jusqu'au dernier. Par exemple, il est manifeste que l'effet du clair-obscur du second plan étant à celui du premier comme un à quatre, celui du troisième sera à celui du second comme quatre à neuf; celui du cinquième, à celui du quatre, comme seize à vingt-cinq; et finalement, celui du sixième, à celui du cinquième, comme vingt-cinq à de quelques touches d'un rouge vif; dans les intermédiaires, du vert, du violet clair, et d'un rouge sale, ressemblant à la couleur de brique; dans les plus éloignés, du violet plus ou moins foncé et de l'indigo. Il est aisé d'inférer de cette distribution générale, que les couleurs les moins refrangibles, ou les plus fortes, dominent dans les premiers plans, et les plus faibles dans les espaces éloignés.

---

trente-six ; d'où l'on voit clairement que la dégradation du clair-obscur entre chacun des deux plans immédiats, devient chaque fois moindre, à mesure des plus grandes distances, jusqu'à ce qu'elle parvienne à être tout-à-fait insensible.

L'observation s'accorde avec ces principes, qu'un artiste ne doit jamais oublier, s'il veut se distinguer dans l'expression de la perspective aérienne.

Si la lumière n'est pas uniforme, ces règles élémentaires éprouvent du changement, parcequ'elles se modifient suivant les accidents combinés avec les distances que l'on veut représenter. En général, on peut dire que l'effet du clair-obscur est en raison composée de l'inverse du carré des distances et de la directe de la quantité de lumière.

Si l'on veut de plus grands détails, on peut consulter les Éléments de perspective pratique, à l'usage des artistes, par Valenciennes et Croze-Magnan. Paris, an VIII, 1 vol. in-4.°

La dégradation convenable du clair-obscur est également indispensable pour l'illusion de la perspective aérienne ; Raphaël la modifia dans les divers plans, en l'affaiblissant, ou la renforçant, selon les distances des objets, et la quantité de lumière qui les éclaire. De là vient que le clair-obscur des figures qui sont sur la montagne est parfois plus apparent et plus déterminé que celui des objets du dernier plan de la partie inférieure du tableau ; de plus, quoique les premières paraissent beaucoup plus éloignées, elles sont, sans difficulté, infiniment plus éclairées que les secondes.

En conservant à Raphaël la gloire d'avoir, dans le tableau de la Transfiguration, donné l'idée d'une composition de clair-obscur, qui sera toujours le plus digne objet d'admiration, il n'est pas possible de refuser au Corrège la palme dans cette partie si importante et si difficile de la peinture. Aucun maître n'a réuni tant de perfections, que celui-ci, dans l'optique pittoresque ; Le Titien s'est signalé dans la perspective aérienne : Vélasquez l'a égalé dans cette partie ; Paul Véronèse est admirable dans la dégradation juste et la combinaison harmonieuse des tons, selon les diverses distances. Le Poussin fut, à cet égard, le plus parfait de tous les peintres pour le clair-obscur du paysage, et des autres objets inanimés de la nature, comme le prouvent, sans réplique, ses tableaux du Déluge, de l'Arcadie, et de la Promenade de Diogène. Mais le Corrège, outre qu'il est supérieur dans toutes ces parties, est unique, et jusqu'à présent inimitable, dans la vérité et la beauté avec lesquelles il dégrada la lumière sur le nu, dans le grandiose et la légèreté de ses masses de clair-obscur, dans la justesse et la vivacité des reflets, dans les espaces déterminés; enfin dans l'heureuse invention de certains accidents de lumière, qui donnent au clair-obscur la meilleure grace et la plus grande harmonie possible.

SECTION V.

Du Coloris.

Si le dessin représente les objets de la nature, par le moyen des lignes et des contours, et si le clair-obscur manifeste les effets de la lumière sur eux, le coloris doit imiter, non seulement l'apparence de leurs couleurs, mais encore faire connaître leur transparence ou opacité, leur dureté ou leur mollesse, et en somme, toutes les qualités particulières et mixtes du corps.

Pour obtenir ces effets, on a besoin de l'observation la plus profonde et la plus délicate de la nature, jointe à un goût exquis, et à une connaissance très exacte des couleurs artificielles et du mode de les employer.

Le coloris de Raphaël, dans le tableau de la Transfiguration, est transcendant et supérieur à celui du plus grand nombre des maîtres connus, quoiqu'il n'ait pu obtenir dans cette partie la prééminence qu'on ne saurait lui disputer pour les autres qui sont les plus essentielles de l'art de la peinture.

En peignant les chairs des hommes, il met la plus grande vigueur et vérité de coloris sur les parties claires et brillantes; mais, dans les obscures, on remarque un peu de dureté, soit par défaut de reflet de lumière, dont Raphaël fit peu d'usage; soit parceque le caractère de son clair-obscur était toujours très vigoureux, et comme provenant d'une lumière enfermée; soit enfin parcequ'il épargna trop le rouge et le jaune dans les demi-teintes de dégradations. Ce défaut est encore plus sensible dans le coloris des femmes jeunes et jolies, puisqu'à cause de la rotondité des formes, de la blancheur et de la finesse des chairs, elles doivent avoir plus de variété dans les teintes, soit bleuâtres, soit rougies, selon les parties sanguines ou humides qui correspondent à l'épiderme, et selon le plus ou moins d'épaisseur de la chair qui les couvre. Elles doivent surtout conserver le ton de couleur avec une certaine vérité dans les ombres, autant par les nombreux reflets de lumière que les formes rondes et les chairs blanches attirent sur elles, qu'à raison de ce que la couleur de cette espèce s'altère moins que les autres dans les parties ombrées ou qui reçoivent les reflets.

Dans cette belle femme placée sur la ligne de terre du tableau, on désire et l'on ne trouve pas toutes ces perfections du coloris. Le ton qui domine dans les chairs est cendré ou gris, et les ombres sont noirâtres, sans transparence, sans reflet, et par conséquent sans aucun vestige du ton local. Ce seul défaut empêche la perfection du nu, si purement et si élégamment dessiné dans l'épaule de cette figure. Il y a plus de vérité et de brillant de coloris dans le visage.

Cependant Raphaël, dans sa dernière manière, employa plus le rouge que le blanc pour le coloris des femmes et des jeunes gens, comme on peut le remarquer dans les tableaux de la

Sainte Famille, du Saint Michel et de la Sainte Cécile. Il est encore évident que ce ton rougeâtre, quoiqu'exagéré, a plus de vérité, et tient plus à l'expression de vie, que le ton blanchâtre, quand il domine avec excès, comme on le trouve souvent dans les femmes du Dominiquin, celles du Guide, et presque toujours dans celles de Rubens. Quoi qu'il en soit, et fondant notre observation sur le style habituel de Raphaël, dans les derniers temps, nous sommes tentés de conjecturer, avec Mengs, que la femme de ce tableau a pu être esquissée par Jules Romain, mais qu'elle a été repeinte et retouchée par son illustre maître. Si cette touche fut légère, il est probable que le temps a consumé la superficie de la couleur, et laissé voir celle de dessous. Cette présomption acquiert d'autant plus de force, que le caractère du coloris de Jules Romain était sombre, peu varié et désagréable par un certain ton plombé ou cendré. D'un autre côté, il n'est pas extraordinaire que les retouches de Raphaël eussent peu de consistance; et d'ailleurs, il est constant qu'il ne s'agit point de tout ce qui est contenu dans le tableau; mais il est possible que l'épaule et les bras de la figure en question eussent besoin d'une pareille retouche; on ne peut guère en douter, quand on considère la vigueur, l'empâtement, la vérité et la fermeté avec lesquels sont peintes les chairs des apôtres et des figures du groupe supérieur.

Au reste, le défaut dont nous parlons est partiel et remarquable, seulement parcequ'il se trouve dans un ouvrage si excellent et si admirable. De telles imperfections sont très communes chez divers maîtres célèbres ; mais on ne cherche pas à les relever, parcequ'elles ne choquent pas autant dans des peintures moins sublimes et plus médiocres. C'est ainsi que l'antiquité critiqua, dans le portrait d'Alexandre que fit Apelle pour le temple d'Éphèse, le coloris terne et brun des chairs, tandis que cet illustre conquérant avait la peau blanche et rehaussée d'une certaine teinte rougeâtre, particulièrement sur la poitrine et sur le visage.

La physionomie du paysan est peinte avec une grande hardiesse et une forte expression ; et qui pourra s'empêcher d'admirer, dans le groupe des apôtres, la vérité, le brillant, l'harmonie et l'agréable variété du coloris des chairs? Que de douceur et de beauté dans celles des plus jeunes apôtres ! Quelle sévérité expressive dans celui qui est assis sur le premier plan ! Peut-on trouver illusion d'optique plus complète que dans la main gauche et le pied droit vus en raccourci ! C'est surtout dans le vêtement, dans le cou, et jusque dans ses cheveux blancs, qu'on doit observer la convenance et la vérité de certains traits ou piquants de lumière qui paraissent dictés par la nature elle-même.

Raphaël a fait voir toute la sublimité de son pinceau dans le visage du Sauveur. Il est peint du style le plus noble, et terminé avec la plus grande perfection. Le coloris est d'une beauté resplendissante, et comme imprégné d'une lumière céleste.

L'emploi convenable des couleurs, selon les diverses distances, ne mérite pas moins d'éloges. On peut le remarquer dans les deux prophètes, dans le groupe des trois apôtres prosternés sur le sommet de la montagne, et dans les deux petites figures des protomartyrs. C'est au moyen des teintes, heureusement imaginées, qu'elles se représentent avec toute la vigueur de l'expression et de la vérité, sans que l'illusion d'optique s'altère par la grande distance où elles se voient du premier plan.

La partie dans laquelle Raphaël paraît le plus éminent est dans l'harmonie des couleurs relatives aux diverses draperies des figures; il a montré, dans la manière de les employer et de les combiner, qu'il connaissait parfaitement la nature des trois couleurs pures ; savoir, le rouge, le jaune et le bleu. Il n'en réunit jamais deux dans une même masse, sans que l'une d'entre elles ne soit rompue ou altérée, comme on peut le remarquer dans les draperies de l'apôtre assis sur le premier plan, ou dans le vêtement de la femme agenouillée ; il a évité, avec raison, de présenter (comme Rubens l'a fait depuis) de grandes taches de rouge pur, parceque cette couleur, la plus approchante de la lumière, ou la moins refrangible, est intraitable pour l'harmonie, et se marie difficilement avec les couleurs vives d'une manière agréable et douce à la vue ; il lui a substitué le pourpre, comme plus propre à fournir de suaves dégradations et des ombres convenables.

La description que nous achevons de faire prouve évidemment que Raphaël fut supérieur dans quelques parties du coloris ; mais l'intérêt de la vérité nous force à dire que, dans sa manière habituelle, il n'atteignit pas à la perfection avec laquelle Le Titien sut combiner et empâter les couleurs, à l'effet de donner aux chairs une vérité extraordinaire, et le plus grand ton de *vitalité*. Il ne fut pas aussi éminent dans l'usage des contrastes, dans la mélodie et la vérité des espaces ombrés, ni dans l'expression de la perspective aérienne. Il n'égala pas Paul Véronèse dans l'art de répartir harmonieusement les couleurs, de les varier et de les modifier pour produire la plus grande beauté d'illusion dans l'imitation des vêtements et des draperies. Il ne posséda pas le sublime talent du Corrège pour dégrader la couleur, depuis la lumière jusqu'à l'ombre, par des nuances insensibles et très délicates, et pour employer justement les reflets, et ces glacis de couleurs humides dans les parties ombrées, pour leur donner un ton de transparence et de vérité merveilleuse.

Nous avons dit que le coloris de Raphaël n'était pas aussi parfait que celui du Titien, mais avec la restriction de rendre justice à la manière habituelle du premier. Il se trouve en effet des occasions où le peintre romain montre en son coloris toute la vigueur et la vérité que nous admirons dans les meilleurs ouvrages du Vénitien. Lequel de ceux-ci pourrait-on préférer à la tête de saint Jérôme, dans le tableau de la Vierge de Foligno, au portrait de Castiglione, ou au personnage inconnu, désigné dans le Musée sous le n.° 937? Le coloris le plus parfait brille dans ces précieux tableaux, et Raphaël s'y montre le digne rival du Giorgion et du Titien. Tant il est vrai que ce grand peintre, quand il était obligé de copier la nature, comme il le faut dans un portrait, avait en lui-même des ressources suffisantes pour porter au plus haut degré la vigueur et la vitalité du coloris.

Avant de terminer cet examen analytique, nous devons faire observer aux amateurs la perfection avec laquelle Raphaël limait et terminait ses ouvrages, en répétant les retouches, à mesure que le temps et la réflexion lui suggéraient de nouvelles idées. Ce caractère de châtiment ou de correction finale est le sceau de l'immortalité pour les ouvrages de l'art comme pour les productions du génie. Le Titien, Le Corrège et Paul Véronèse furent infatigables dans les retouches des couleurs; c'est de ce soin qu'émane cette splendeur, et pour ainsi dire ce soleil que nous admirons tant, et qui nous enchante dans leurs peintures. Ainsi faisait Apelle en exposant ses tableaux à la censure publique, pour profiter des observations utiles; ainsi faisait son rival Protogène, qui, suivant Plutarque, employa sept années à peindre et perfectionner son fameux Jalysus. Cette sévérité scrupuleuse à polir les ouvrages et à retoucher les peintures, jusqu'à leur donner le plus haut degré de beauté, était adoptée, chez les anciens, comme un des principes indispensables pour la perfection de l'art. « Observez, dit Platon, « comme le travail des peintres, pour la repré- « sentation d'une figure quelconque, semble ne « se réduire à autre chose qu'à raviver et re- « hausser leur coloris, c'est-à-dire, à retoucher « continuellement, et suivant l'avis des artistes « consultés à cet effet. Jamais satisfaits de la « beauté de leurs ouvrages, ils leur donnent « toujours de nouvelles touches, et y ajoutent de « nouvelles qualités, pour les rendre chaque fois « plus beaux et plus transcendants. » Le témoignage de ce grand philosophe à qui la peinture n'était point étrangère, puisqu'il s'en était occupé dans sa jeunesse, est du plus grand poids, et confirme décisivement ce que nous avons avancé relativement à l'achèvement exquis des peintures dans les écoles de la Grèce.

Pour le malheur de l'art, les principes opposés ont prévalu parmi le plus grand nombre des peintres modernes, et particulièrement dans ces derniers temps. Les uns, avec du génie, mais entraînés par le torrent de la dissipation de nos mœurs, ont voulu concilier l'abstraction et l'assiduité de l'étude avec la jouissance des plaisirs frivoles et tumultueux. Incapables par-là d'une application soutenue, ils travaillent sans attention, et avec une précipitation qui s'oppose à la perfection de leurs ouvrages. D'autres, sans vocation ni dispositions naturelles, profanent l'art de toutes les manières, trafiquent servilement des productions de leur pinceau, les multiplient dans l'occasion, selon la fantaisie ou le mauvais goût dominant, et méprisent hautement la critique des connaisseurs, et le jugement de la postérité; c'est pourquoi la plus grande partie des tableaux modernes paraissent plutôt des esquisses ou des études imparfaites, que des ouvrages entièrement terminés.

En attendant, l'art déchoit pitoyablement. Un Mengs ou un David l'ont illustré, sans doute, par leurs célèbres productions; mais, c'est en vain que les peintures et les écrits de ces grands professeurs s'élèvent contre la corruption des principes adoptés; en vain réclament-ils la correction et la pureté du style antique; les préjugés du mauvais goût, l'opposition de la troupe des peintres ignorants et maniérés, intéressés à perpétuer leur faire vicieux; et, plus que tout, la faible impression que le beau et le sublime font sur nos esprits corrompus par des idées mesquines et puériles : toutes ces causes contribuent puissamment à retarder les progrès d'une réforme utile, et qu'auraient réalisée les efforts unanimes de ces deux illustres artistes, s'ils avaient rencontré moins d'obstacles, et si l'erreur n'était pas aussi profondément enracinée.

FIN.

www.ingramcontent.com/pod-product-compliance
Lightning Source LLC
LaVergne TN
LVHW010038230826
846091LV00005B/1766
* 9 7 8 2 0 1 2 8 8 5 3 8 7 *